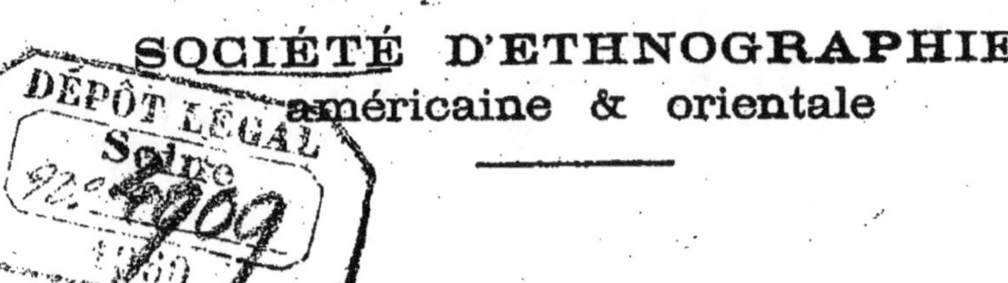

SOCIÉTÉ D'ETHNOGRAPHIE
américaine & orientale

L'ORIENT

par

LÉON de ROSNY

Secrétaire perpétuel de la Société d'Ethnographie

Ex Oriente lux

Lu à la Séance publique de la Section orientale
le 26 décembre 1859

PARIS

CHALLAMEL AINÉ, ÉDITEUR

Libraire de la Société d'Ethnographie américaine & orientale
30, rue des Boulangers

—

1860

[illegible]

[illegible]

[illegible]

[illegible]

[illegible]

SOCIÉTÉ DES [illegible]

L'ORIENT

Si l'on réunit par la pensée la vaste étendue de l'ancien monde qui se prolonge depuis le détroit de Béhring jusqu'à l'Adriatique et le Maroc, et depuis la pointe septentrionale de la Sibérie jusqu'au cap de Bonne-Espérance, à un autre continent en voie de formation, composé de plusieurs myriades d'îles au milieu d'un océan de coraux et de polypes, on aura défini en quelque sorte ce qu'on est convenu d'entendre par le mot *Orient*. La superficie comprise entre ces limites dépasse 80 millions de kilomètres carrés ; sa largeur calculée seulement sur la ligne de l'équinoxe est de plus de 250 degrés, c'est-à-dire d'au moins les deux tiers de la circonférence terrestre. Considéré au point de vue du nombre de ses habitants, l'Orient ainsi entendu, malgré ses steppes, ses déserts et ses parties inexplorées qu'on ne peut recenser, renferme une population qui ne doit guère être évaluée à moins de huit cents millions d'âmes.

Trois régions principales divisent cet Orient conventionnel : désignées comme parties du monde, on les nomme Asie, Afrique et Océanie. Dans la première, on voit au centre les plus hautes montagnes de notre planète, puisque le pic d'Everest, dans la chaîne de l'Himâlaya atteint 8840 mètres au dessus du niveau des mers, altitude deux fois supérieure à celle du Mont-Blanc ; des fleuves majestueux qui ne le cèdent en longueur qu'aux immenses cours d'eaux des deux Amériques, l'arrosent en tous sens ; et d'énormes lacs, sortes de mers intérieures, complètent l'admirable géographie de ces contrées.

Au sein de ce gigantesque hémisphère, s'élèvent les villes les plus grandes et les plus populeuses du monde, car Péking, la capitale du Céleste-Empire, qui n'a pas moins de 36 kilomètres de circuit avec une population de plus de 2 millions d'âmes, n'est surpassée en étendue que par Yédo, la principale ville japonaise, dont on porte le nombre des habitants au chiffre prodigieux de 2 millions et demi [1].

A part ces capitales qui laissent derrière elles Paris et Londres, l'Orient asiatique offre à nos yeux étonnés et à notre imagination ravie les plus célèbres, les plus charmantes et les plus délicieuses cités du monde. Sans parler de Constantinople et de son admirable bosphore, de ses nombreuses mosquées, de ses minarets gracieux dont les flèches aériennes et dorées s'élancent vers l'azur du ciel et donnent un aspect riant à l'intérieur de la ville qu'entourent au dehors, comme d'une couronne funèbre, les cyprès touffus des cimetières; nous avons à citer en Asie mineure, les saintes localités de la Judée, Bethléem et la triste Jérusalem; Smyrne, déjà dix fois détruite et dix fois relevée de ses ruines; Van et ses monuments gigantesques couverts d'inscriptions que l'historien arménien Moyse de Chorène attribue à Sémiramis; Mossoul aux portes de laquelle l'infatiguable activité de M. Botta, notre consul, est parvenue à retrouver les ruines de l'antique Ninive; Alep, Tyr et Sidon également riches de souvenirs; — en Arabie, Médine, capitale primitive du fameux empire des Khalifes, avec ses 30 écoles; la Mekke, ville sainte de l'Islamisme; Djeddah, où l'on conserve religieusement le pré-

---

[1] Dans ce chiffre, il faut comprendre la population de la ville proprement dite et de ses environs, de même qu'on ne doit pas affecter le chiffre de 2 millions trois cent mille âmes à la population de Londres proprement dite (*The City*). Quelques auteurs ont cependant élevé le nombre des habitants de Yédo jusqu'à 10,000,000; mais leur évaluation est évidemment fort exagérée.

tendu tombeau d'Ève et la pierre noire sur laquelle la mère du genre humain reposa la tête ; — en Perse, la ville royale de Téhéran et la charmante Chiraz, non moins célèbre par ses poëtes que par la beauté proverbiale de ses femmes et l'excellence de ses vins ; — en Tartarie, Boukhâra, l'Athène asiatique et le rendez-vous des littérateurs persans et de leurs disciples ; — au Tibet, Hlassa et ses innombrables couvents bouddhiques ; — dans l'Inde, Delhi, dernière résidence des Grands-Mogols ; Bénarès, où naquit le bouddha Sakya-Mouni ; Allahabad, Madras, Calcutta et tant d'autres magnifiques résidences princières où le luxe asiatique a prodigué l'or, le marbre, le porphyre, la lazulithe, en un mot tout ce qu'on peut imaginer de plus rare et de plus précieux dans le pays privilégié des *Mille et une nuits ;* — dans l'extrême Orient enfin, Bangkok et son féerique palais ; Nanking avec sa fameuse tour, et Myako, la splendide et voluptueuse résidence des pontifes japonais.

Puis après avoir contemplé tant de riches et bizarres contrées, tant de sites variés et pittoresques, sous les climats les plus divers, depuis les steppes glaciales de la Sibérie du nord jusqu'aux régions brûlantes de l'Arabie et de l'Inde ; après avoir recueilli sous toutes ces latitudes les productions infinies des trois règnes de la nature, productions qui recèlent à n'en pas douter mille et mille secrets inconnus à la médecine, aux sciences naturelles et à l'industrie, il s'en faut encore de beaucoup que nous ayons épuisé tout ce que l'Orient présente d'utile, de curieux, de palpitant à notre étude et à nos méditations. — L'homme ne nous est pas encore apparu : il va paraître, et avec lui, la poésie, les arts, la religion, la philosophie. Tout à l'heure l'Orient nous parlait aux yeux : il va nous parler au cœur.

Le nombre considérable des différentes nations orientales et la haute antiquité de leur histoire, expliquent la variété que l'ethnographe rencontre dans l'étude des mœurs de l'Orient. Les coutumes les plus caractéristiques et les plus singulières y saisissent l'esprit des plus intéressants problèmes qu'il soit possible de poser sur les destinées de l'homme. Partout ce sont des enseignements féconds, des conceptions merveilleuses, des exemples touchants à enregistrer.

La femme, ce puissant mobile du progrès et de l'émancipation des races, nous apparaît en Orient sous les aspects les plus divers. En Chine, à côté du froid positivisme de l'homme, la femme n'est que poésie et idéal. Cette poésie est toute terrestre et cet idéal tout humain, j'en conviens, — mais avec l'une et l'autre elle ne s'élève pas moins au dessus de la passion égoïste et brutale, pour aimer d'esprit. La femme chinoise n'a rien de cette imagination vagabonde, de cet enthousiasme surhumain que nous rencontrerons ailleurs. Sans cesse en présence d'un époux en qui le triste réalisme a détruit toutes les célestes aspirations de l'âme, elle doute parce qu'il doute, mais elle n'en aime pas moins parce qu'il souffre. Épouse, elle abandonne à jamais l'idéal que jeune fille elle avait rêvé, parce que lui, il ne rêve pas.

Dans l'Inde, au contraire, où la sève de la nature est plus abondante et le ciel plus incitant, la femme a brisé tout d'abord les chaînes qui la retenaient à la terre et sa vigilante imagination lui a révélé une vie meilleure. C'est tout au plus si l'on peut dire qu'elle appartient en quelque chose à ce monde où elle passe. Pour elle, quand elle aime, la vie présente est peu, la mort n'est rien. Elle sait bien le prouver : et au moment où la fumée commence à environner, comme d'un voile lugubre, le bûcher qui doit consumer les dépouilles mortelles de son époux, elle s'y précipite et y tombe, pour ne plus se relever qu'aux rayons d'un autre soleil.

La femme — nous venons de le voir — est en Chine tout amitié, dans l'Inde tout dévouement; dans l'Orient musulman elle est tout amour. Les purs épanchements de l'âme, la

sainte union des cœurs ont fait place chez elle aux tressail-
lements convulsifs de la passion la plus fougueuse. La
femme de Chiraz, par exemple, s'exhale toute entière dans
un baiser.

Et qu'on n'aille pas croire que les liens les plus sacrés de
la famille soient moins religieusement gardés en Orient que
parmi nous. « Tout est calculé chez les Orientaux, disait
« Napoléon Ier, pour qu'ils puissent garder leurs femmes et
« s'assurer d'elles ; toute notre vie, au contraire, en Occident,
« est calculée pour que nous ne puissions les garder et que
« nous soyons obligés de nous en rapporter à elles. »—Je sais
bien qu'en se plaçant à notre point de vue, à celui de nos
dames surtout, il semble y avoir quelque chose de tyranni-
que dans le mode de réclusion de la femme, non seulement
en Turquie, mais aussi chez les Arabes, les Persans, les Indiens et même chez les Chinois. Les dames européennes
plaignent généralement les odalisques que les mœurs vo-
luptueuses des sultans et des seigneurs retiennent captives
dans les harems. Eh bien ! le croirait-on ; par une bizarre
réciprocité, elles aussi vous plaignent de ne pas être ce qu'elles
sont. Au moyen-âge, dans l'Europe chrétienne, il était permis
au mari de battre sa femme, voire même de la blesser « pour-
« vu, dit la royale ordonnance, que la blessure oncques ne dé-
« passe pas les bornes d'une honneste correction [1]. » Le Co-
ran, ce code rigoureux du prophète de par le sabre, n'a jamais
rien dit de pareil. A la déférence près qu'elles doivent toujours
avoir pour leur mari, il y a bien peu de chose dans la condi-
tion de la femme en Orient, qui ne puisse être également
goûté par nos dames ; et, tout bien examiné, l'existence pure-
ment intérieure et domestique de la femme turque, par exemple, est à la lettre l'idéal qu'a rêvé M. Michelet. Les gyné-
cées d'Orient ne sont donc pas si épouvantables. La liberté

---

[1] *Recueil des Ordonnances des Rois de France*, tome XII, page 541.

a des charmes, je le sais; mais a-t-on absolument tort de croire en Turquie, que la captivité en a quelquefois davantage?

Pour compléter cette esquisse rapide de l'ethnographie orientale, dont je puis tout au plus effleurer quelques points, il me faudrait arrêter les regards sur le Tibet, le Ladâk et le pays des Kassias, où, suivant une triste coutume, rapportée par les voyageurs, la femme, à l'inversé des pays musulmans, partage ses tendresses entre les différents époux qu'on a unis à son sort; sur le Kamboje, où la première nuit nuptiale, à une certaine époque, était consacrée aux prêtres; sur la Nouvelle-Zélande où les chefs ont le privilége de rendre *tabou*, c'est-à-dire sacrées et inviolables, les femmes qui leur plaisent, après quoi elles n'ont plus le droit de sacrifier à l'amour, fussent-elles répudiées vierges par eux; sur l'île de Tycopia, où les liens du mariage sont indissolubles, même après la mort de l'un des conjoints; sur les Fidji, où les veuves se coupent volontairement un doigt de la main et du pied comme témoignage extérieur de la perte qu'elles ont faite; sur les îles Tonga, où les jeunes filles disposent librement de leurs charmes jusqu'au jour où elles prennent un époux; sur la polygamie désordonnée d'Achanti où le roi entretient 3333 femmes dans son harem; sur le Soudan, où la méfiance des indigènes a donné naissance à la douloureuse coutume de l'infibulation; sur les nombreuses contrées de l'Afrique, où les héritages, se transmettant en lignée féminine, détruisent l'équilibre social au profit du beau sexe; etc., etc.

Les cérémonies funèbres, la manière d'envisager la mort, les devoirs rendus aux dernières dépouilles, le culte enfin de ceux qui ne sont plus, offrent au penseur autant de faits qui lui permettent de toucher du doigt l'idée que chaque peuple attache à la nature de l'homme et à ses destinées. En Chine, au Japon et partout l'Extrême-Orient, le culte des aïeux et des défunts est demeuré un des fondements les plus essentiels de l'ordre social. Au Tibet et en Tartarie, l'habitude d'exposer les corps inanimés sur les lieux élevés et sur les arbres, dans le but de les faire dévorer par les vautours et les corbeaux, semble provenir d'une sorte de foi dans une vie ultérieure ; tandis que les momies des Égyptiens et des Guanches sembleraient témoigner d'un matérialisme grossier, si l'interprétation des papyrus et les traditions de l'antiquité ne nous faisaient entrevoir le sens occulte et tout spiritualiste des étranges images de la vallée du Nil, ainsi que des monuments babéliques qu'elle renferme. On attribue enfin aux indigènes de diverses contrées de l'Inde, des îles Mariannes et de plusieurs autres points de l'Océanie l'effrayante coutume d'ensevelir dans leurs propres entrailles les chairs cadavéreuses de leurs plus proches parents. De quelque manière qu'on qualifie cet usage, il n'approche cependant pas à beaucoup près de ce que raconte Hérodote de la tribu des *Padœi* qui, comme les *Batta* de nos jours, tuaient leurs parents lorsque au déclin de la vie, ils commençaient à devenir infirmes.

Quiconque veut remonter aussi loin que possible le cours des temps, doit se placer au centre de ce continent asiatique si riche en souvenirs. Des hautes montagnes de la chaîne de l'Himâlaya, non seulement l'horizon de la nature s'ouvre plus large aux regards étonnés, mais encore une émotion religieuse, de saints frémissements, l'écho de voix secrètes y dissipent les plus épaisses ténèbres du passé. « Saluons ces « sommets sacrés, où les grandes races qui portaient dans « leur sein l'avenir de l'humanité, contemplèrent pour la « première fois l'infini, et inaugurèrent les deux faits qui « ont changé la face du monde, la morale et la raison. » Ainsi parle un de nos savants confrères[1], un illustre écrivain de notre époque, à qui l'on ne reprochera pas à coup sûr les

---

[1] M. Ernest Renan (*De l'origine du langage*, page 231).

vues téméraires et chimériques. Saluons donc avec lui ces monts gigantesques que les plus antiques traditions populaires, *vox populi, vox Dei*, traditions confirmées de jour en jour par les découvertes de la science, nous donnent pour le foyer primitif de la civilisation et pour le berceau de l'humanité pensante.

De là, coulant à la fois de toutes ses sources, la pensée de l'homme a, dans un instant d'enthousiasme et d'extase, créé Dieu. Et bientôt, nous voyons la civilisation naissante de la Chine instituer le culte monothéiste du Chang-ti « le Dieu suprême », tandis que l'Inde, plus fortement pénétrée des merveilles de la création et plus vivement impressionnée par elles, divinise toutes les forces de la nature qu'elle contemple et les plus profondes sensations qu'elle éprouve. Déjà l'on entend retentir jusque dans la vallée du Gange les hymnes religieuses des Véda; et, du faîte du mont Mérou, Brahma traduit les attributs divins en une trinité qui doit se perdre bientôt au milieu d'un olympe de petits dieux et de déesses.

Puis, c'est en Perse que l'étincelle religieuse vient allumer un nouveau foyer de civilisation. Zoroastre paraît, et avec lui, le culte du feu. L'univers se partage; le bien et le mal se contemplent et se menacent; et Ormuzd et Ahriman ont leurs adorateurs et leurs autels.

Avec la pluralité des dieux et les cérémonies de leur culte, naissent les images et les arts. L'Assyrie sculpte sur d'énormes blocs de pierres les figures colossales de ses pénates; tandis que la Grèce, par un retour vers la nature et par une esthétique nouvelle, taille dans le marbre, des dieux aux proportions humaines.

En même temps, la race sémitique, que des savants recommandables ne seraient pas éloignés de faire provenir du berceau commun aux Chinois, aux Indiens et aux Perses, papuyée sur une idée monothéiste épurée, vient prendre place dans l'arène de la civilisation. A l'idolâtrie arienne et à la foule exubérante de ses petits dieux, elle oppose son Eloïm, le Dieu qui est *Celui qui est*. Le veau d'or est détruit et le monothéisme vient féconder la terre sacrée, où doivent résonner pour la première fois les consolantes paroles de la bonne nouvelle.

Mais bien avant que l'événement rédempteur ne soit venu révolutionner le monde, une autre idée s'est développée, fruit de plusieurs milliers d'années, sur le sol africain, et c'est cette idée qui doit venir un jour libérer l'humanité de ses chaînes. Les prêtres de l'antique Égypte — dont les historiens nous vantent unanimement les lumières et la sagesse — ont enseigné à Pythagore, suivant une tradition conservée par Porphyre, les premiers principes de la philosophie que devaient développer plus tard Socrate, Platon et Aristote.

Tandis que, d'un côté, l'idée religieuse répandue sur le vieux continent y plonge de toutes parts ses profondes racines, la philosophie vient lutter corps à corps avec elle et lui disputer l'empire du monde. La lutte engagée il y a près de 3000 ans se continue, et à l'avenir seul est réservé le nom du vainqueur. Je me trompe : il n'y aura pas de vainqueur ; car l'élément religieux pas plus que l'élément philosophique ne doit périr, puisque l'un et l'autre dérivent du Dieu de l'éternelle beauté, du bien et du vrai. L'avenir conciliera l'un et l'autre ; — et, ouvrant les yeux que le préjugé aura longtemps tenus fermés, il réunira les combattants, leur criant de sa voix douce et persuasive : « Aimez-vous les uns les autres ».

Et la loi d'amour consommera l'œuvre de l'homme et lui conquerra la Terre promise. La charité, ce divin héritage du Dieu-Homme mourant sur la croix, inaugurera ce beau règne, sans lequel la vapeur franchissant l'espace et l'électricité anéantissant l'étendue, ne seront que les instruments du crime au service des puissants contre les faibles.

Qu'on n'aille pas croire cependant que la loi d'amour, qui

est l'âme de toute société comme l'intérêt égoïste en est la
mort, n'a pas encore régné sur le monde. — Dans les saintes
aspirations de l'humanité jeune, cette loi d'amour était gra-
vée au fond des cœurs et tous palpitaient pour elle. — Sans
cela, l'homme se serait-il jamais élevé à ces conceptions merveilleuses, à ces institutions grandioses, à cette poésie suave
dont les monuments écrits de l'antiquité nous ont laissé de
si précieux souvenirs? Sans cela, la Chine eût-elle conçu tout
d'abord les principes si élevés et si généreux de la politique
des saints empereurs Yao et Chun? Eût-elle pénétré le grand
Yu d'une noblesse de sentiments que les peuples modernes
envieraient pour leurs meilleurs rois? La pensée populaire
enfin, dans les chants du *Chi-king*, eût-elle exhalé un parfum
si exquis de vertu et de touchante simplicité? L'Inde brah-
manique eût-elle inspiré de si brillants poëtes et de si vigou-
reux dramaturges; et après avoir épuisé les charmes d'une
poésie large et harmonieuse, le bassin du Gange eût-il en-
fanté, dans la personne de Sakya-mouni, le plus suivi, le
plus écouté de tous les Instituteurs du genre humain?

On dira, il est vrai, que les riches couleurs sous les-
quelles je me plais à envisager l'Orient ont été de très-bonne
heure ternies, et que d'innombrables taches de sang inno-
cent en ont recouvert vingt et vingt fois les plus vifs reflets.
Je n'essaierai pas de le dissimuler: l'histoire a parlé; et pour
conserver l'éclat du tableau, il n'est pas nécessaire, apolo-
giste maladroit, de faire l'éloge de ses défauts, non plus que
de les passer sous silence. Il en a été de la civilisation orientale comme de toutes les choses qui ont accompli leur mor-
telle destinée. Primitivement pure et noble, comme l'âme
qui sort des mains de Dieu, elle a atteint son apogée en rou-
lant le monde, de sorte qu'elle n'a guère conservé, à l'heure
du déclin, que le bourbier qui l'avait souillée dans sa
marche.

Au souvenir d'une telle grandeur et d'une si effroyable

chute, l'esprit le plus ferme se prend à trembler. La raison se croit convaincue d'impuissance, et l'homme, doutant de la Providence et de ses desseins, n'a plus que l'anathème à la bouche. Il renie l'avenir, comme l'a renié l'un des meilleurs poëtes de notre époque après avoir lu l'*Imitation*, et, s'adressant au progrès, il lui applique cette désespérante parole de Caton à la vertu : « Tu n'es qu'un nom ! » Mais en cet instant, d'un bout à l'autre de l'Occident, une étincelle parcourt l'espace et les sifflements aigus de la vapeur se font entendre. Ce sont les peuples de l'Europe qui, par le moyen de leurs télégraphes, se concertent et s'unissent pour réveiller l'Orient de sa léthargie et l'émanciper. Déjà le génie puissant du progrès se dispose à ouvrir ses larges ailes et à prendre son vol vers les régions de son enfance. Les navires se pressent dans les ancrages et se préparent à une expédition lointaine. La grande nation qui sait combattre pour une idée veut être au premier rang dans cette lutte suprême de l'activité et de l'inertie. Contre ce magnifique projet, quelques voix cependant s'élèvent : voix funestes, voix sépulcrales, engourdies dans les raffinements égoïstes d'une civilisation qui s'oublie. Au milieu des misérables préoccupations qui rongent et consument leur vie dans d'inutiles efforts, au moment où les deux premières nations du monde unies pour la plus belle des causes se disposent à donner le signal du départ, — ces hommes, pour des intérêts de clocher, discutent encore, discutent toujours, et préfèrent les étroites cloisons d'un cercueil d'or aux horizons bleus de l'infini.

Mais, de telles considérations ne sauraient arrêter longtemps l'accomplissement des éternels desseins de la Providence; et bientôt, entraînée fatalement dans sa large zone de révolutions, l'humanité reprend à grands pas sa marche vers l'Avenir. L'Asie, d'une part, a doté le monde de l'idée religieuse; cette idée a groupé les peuples sous une loi plus générale, sous une plus vaste unité; et, pénétrant jusque dans les replis les plus profonds de leur âme, elle y a gravé cette consolante promesse : « Vous n'avez qu'un père au ciel, vous ne formerez qu'une seule famille sur la terre. » Des rapports journaliers des peuples européens est résultée, d'autre part, cette civilisation toute scientifique et industrielle qui se continue de nos jours en Amérique, civilisation essentiellement positive, qui a besoin de se retremper dans l'élément religieux qui lui fait défaut.

C'est donc par un retour vers l'Orient que l'œuvre de l'humanité se complétera ; ou plutôt, le Génie de la civilisation, parti d'Orient à l'origine de l'histoire, après avoir parcouru l'Europe dans toute son étendue, passera par l'Amérique, terre pleine de virilité et de force, et ira par l'Océanie, véritable trait d'union des deux mondes, se résumer à son berceau, que le divin Créateur a voulu placer sur le point culminant du globe.

Je n'ajouterai qu'un mot : Si je me suis décidé à prendre la parole au jour où des voix plus éloquentes que la mienne doivent se faire entendre, c'est moins pour rappeler combien est vaste et magnifique le champ de nos études, que pour remercier mes excellents collègues du concours amical et éclairé qu'ils n'ont cessé de me prêter dans la tâche que nous avons entreprise pour l'honneur de notre pays et pour le développement des nobles idées qu'il représente dans le grand concert des nations civilisées.

LÉON DE ROSNY.

Paris. — DE SOYE ET BOUCHET, imprimeurs, place du Panthéon, 2.

[illegible]

[illegible]

[illegible] SPORT D'HIVER [illegible]

[illegible]
[illegible]
[illegible]
[illegible]

[illegible]
[illegible]
[illegible]
[illegible]
[illegible]
[illegible]
[illegible]
[illegible]

[illegible]
[illegible]

[illegible]
[illegible]

REVUE
ORIENTALE ET AMÉRICAINE

PROSPECTUS

La *Revue orientale et américaine* est fondée dans le but de contribuer à la connaissance du Nouveau-Monde et à l'étude des différentes nations de l'Orient, aux points de vue éminemment variés de l'ethnographie, de l'archéologie, de l'histoire, de la géographie, de la linguistique, de la littérature, de la religion, de la philosophie, des sciences, des arts, de l'industrie et du commerce.

Les articles insérés dans la *Revue* sont rigoureusement inédits.

La *Revue orientale et américaine* paraît régulièrement le 5 de chaque mois, par cahier in-8° composé soit de 5 feuilles de texte, soit de 3 à 4 feuilles avec planches ou cartes. Elle est imprimée avec caractères orientaux, sur beau papier cavalier, de manière à former chaque année deux forts volumes in-8°, ornés de cartes, gravures, lithographies, dessins sur bois, impressions en couleur, etc.

Une Table générale des articles et un index analytique et raisonné des matières sont joints à chaque volume.

PRIX DE L'ABONNEMENT POUR L'ANNÉE :

Paris........................	25 fr.
France, Algérie et Colonies...	28 fr.
Étranger....................	32 fr.

Paris, — Typ. CARION, rue Bonaparte, 64.